10岁
开始的经济学

100万册珍藏纪念版

 5 ## 如果收购了公司

〔日〕泉美智子·著 〔日〕松岛洋·绘

唐亚明·译

中信出版集团|北京

目录

3 股票下跌使公司破产

（股价暴跌）

4 公司为谁存在？

（股份公司的意义）

1 一点确认键公司就到手了！

（网上收购公司）

5月4日上午9点，
乔克维奇面对连着三个大屏幕的电脑，按下了确认键。
就在这一瞬间，他的人生彻底改变了。

为什么呢？

因为乔克维奇终于把阿古利比兹公司51％的股票弄到手了。

他从去年夏天就盯上了这家公司经营的大农场。

现在，他可以用手中的权力，

按照自己的意向经营这家公司了。

乔克维奇今后要怎么干呢？

阿古利比兹公司

乔克维奇能够做的事情有这些：
在股东大会上阐述对公司经营的意见；
挑选总经理和公司董事；
而且，即使公司董事会决定了某件事情，
他也可以在股东大会上反对，
并有权推翻这项决定。
因为他是持有公司股票一半以上的大股东。

阿古利比兹公司

但是，如果在一年一度的股东大会上，
总是出现类似情况，
公司的经营就很难搞好。
所以，董事会决定由乔克维奇出任总经理。
乔克维奇高兴地接受了这一任命。

乔克维奇担任总经理后，精神百倍，
他从国外进口了最先进的农耕机械，
还先后购入了农场周围的土地。
他对世界各国的人喜爱吃什么水果进行了调查，
然后用电脑迅速计算出各类水果应该栽培多少。

乔克维奇决定了的事情，

在公司立刻得以实行。

后来农场面积扩大了3倍。

由于实现了机械化，员工减少了四分之三。

扩大农场所需的资金，一部分从银行贷款。

乔克维奇又在电脑上发布了如下内容：

"本公司增发股票。"

很快就有100个人订购了股票。

购买土地和农机具共需200波蒂。

阿古利比兹公司的股价是4波蒂，

所以新发行了50股。

有100人竞购股票，

股票上涨到每股6波蒂。

阿古利比兹公司得到了300波蒂。

乔克维奇心想：

"我把剩余的100波蒂用作宣传费吧。"

他决定，向市民开放农场。

农场设立了游客入口，开设了免费的散步路线，

以及收费的"随便吃蓝莓"的路线。

农场里还出售椰子味冰激凌。

2 刚到手的公司，转眼就成了别人的…… （公司被再次收购）

乔克维奇的农场生意兴隆。

公司用赚来的钱，又购买了当地5个农场的股票。

农场面积扩大了10倍。

公司用高工资聘用了各个领域的专业人才，

让他们负责管理销售、会计、行政、策划等业务。

为了支付高工资，公司在农场实行"机械化"，

浇水用洒水机，播种用播种机。

会计业务则实行计算机化管理。

这样，大大减少了员工人数。

当然，被公司辞退的员工极为不满，

乔克维奇就发给这些人很多退休金，解决了劳资争议。

在阿古利比兹公司的股东大会上，
公司的盈利结算报告，赢得了股东们的喝彩。
可是，没想到第二天就出了大事。
一大清早，乔克维奇像往常那样，
一边喝着咖啡，一边打开了电脑，
但当他看到电脑屏幕时，脸色一下变得苍白。
原来世界著名的投资家林格斯基，
突然开始在网上购买阿古利比兹公司的股票。

乔克维奇整整一天坐在电脑前，
拼命买回自己公司的股票，
可是他斗不过林格斯基。
林格斯基买进了阿古利比兹公司一半以上的股票，
该公司落入他的手中。

其实，林格斯基对经营农场毫无兴趣，

他把买来的股票转卖给了由他担任董事的猫舌头股份公司。

猫舌头是世界最大的食品厂家。

因为股价上涨了，林格斯基又赚了一大笔。

农场名称由阿古利比兹改为猫舌头，

管理公司的高层，一半由猫舌头公司派遣。

农场不再像从前那样出口蔬菜和水果了，

因为猫舌头建造了食品加工厂，

把农场培育的水果和蔬菜，

全部在工厂加工成食品再出口。

乔克维奇喜欢农业，

他对此非常不满，说：

"我把农场培育的蔬菜和水果视作我的生命，

可我对食品加工厂一点儿也不感兴趣。"

结果，他的总经理职务被撤销，

改任顾问，难以干预公司的经营方针了。

乔克维奇哀叹道：

"林格斯基用同样的方法重复了我两年前干的事。"

他的妻子贝蒂说："你和林格斯基可不一样。

你是因为喜欢农业才买下阿古利比兹公司的股票，当了总经理的。

而林格斯基对农业毫无兴趣，

他购买股票后再高价转卖，完全是为了赚钱。"

看来，收购股份公司的目的，因人而异。

乔克维奇担任顾问这一闲职后，

每天早晨上班前跑步半小时，每个周末乘船航海，

他还经常和妻子贝蒂一起去餐厅吃晚饭。

他在家欣赏学生时期喜爱的音乐，

恢复了之前已经忘却的自我和悠闲的生活。

乔克维奇50岁时，

抛售了自己持有的所有股票，

到手了4000波蒂的巨款。

猫舌头公司的股票已经涨到了每股20波蒂。

尽管乔克维奇有了巨款，

但是他不打算购买任何公司的股票了。

他以前购买阿古利比兹公司的股票，

原本也是希望经营农场。

3 股票下跌使公司破产
（股价暴跌）

股票是一种不可思议的事物，

因为它的动向难以预测。

除非你运气特别好，

否则你很难做到买卖股票

百分之百赚钱。

股票市场一直反映着各种信息：

哪儿发生了恐怖事件，

哪儿流行病毒性感冒，

宇宙空间站是否建成，

超小型电子计算机

的研制成果如何……

为此，股价一上一下，

对各种动向反应敏感，

仿佛小动物身上的肌肉抽动一样。

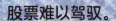

股票难以驾驭。

昨天的亿万富翁，如果点键的时机错了，

一夜之间就可能变成负债累累的穷人。

这一年夏天，瞬间最大风速超过50米/秒的大型台风

5次登陆，使猫舌头公司遭到了惨重损失。

这是谁都没有预料到的事情。

几乎所有树木都被刮倒，根本无法收获水果了。

为此，就像石头块从山坡上滚下来似的，

猫舌头公司的股票暴跌。

水果收成为零，销售额也为零。

公司业绩决定股价。

股价暴跌，导致猫舌头公司破产。

受这件事的影响，把资金和公司运营托付给林格斯基的有钱人，

纷纷收回了资金。

由于压力过重，林格斯基终于病倒住院了。
看来网上交错来往的金钱信息，
并不是真正的资产，而是一种虚幻啊！

乔克维奇在1年前就辞去了猫舌头公司顾问的职务。

他把抛售股票得到的4000波蒂，

存进了自家附近的微笑银行。

"台风袭击是自然灾害，猫舌头公司的遭遇令人同情。

可我的运气还不错嘛。"

的确是这样。乔克维奇辞去了顾问职务，

又抛售了猫舌头公司的股票，

公司破产，他没有受到任何损失。

猫舌头公司的灾难，是人力难及的大自然所造成的。

看来，经营公司也不是一件容易的事儿啊。

4 公司为谁存在?

（股份公司的意义）

股份公司为谁而存在呢?

猫舌头公司的总经理认为:

"公司为股东而存在。"

在猫舌头公司的鼎盛期，发生过这样的事情。

某市长想在路边多种树，让城市更美丽。

为此，他前来拜访猫舌头公司总经理，恳请道:

"希望贵公司为城市种植树木捐款。"

可是，总经理一口回绝了。

他说："我不能答应你的要求。

我如果捐赠你100波蒂，公司的利润就会减少100波蒂，

那么分给股东的红利就会减少。

公司是为股东而工作的！我们不想给股东找麻烦。"

当然，这也是考虑问题的一种角度，

但是也有别的角度。

如果公司捐款植树，那么公司的声誉就会提高。

猫舌头公司的食品畅销起来，
公司的利润增加了，而且还广受好评。
其实这样做，对公司有利，对股东也有利。

5年过去了。现在，
乔克维奇正在通过别的形式表现自己热爱农业的心情。
他从4000波蒂的存款中拿出2000波蒂，
创办了国际农业学校，
吸引来自全世界的志愿学习农业的年轻人参加入学考试。

乔克维奇把农业视为自己人生的意义。
他告诉各国的年轻人，
农业是多么有意义的工作。
他把传授农业技术作为晚年的乐趣。
副校长贝蒂也干劲十足。

而林格斯基的胃病一直没好，反复住院出院。
他的单人病房在病房大楼的最顶层，
桌上堆着药、电脑、手机、老花镜和经济报等。

林格斯基先生

林格斯基从病床上坐起来，
一边看着电脑，一边按着键盘，
一整天都在世界股票市场上买卖股票中度过。

林格斯基的生意回报如何呢？

目前，他觉得没什么"回报"。

当他的手不能动了，从股票市场上退出来时，

才能知道他作为"投资家"的"回报"。

此时的他已经忘掉了猫舌头公司倒闭使他蒙受的创伤，

一如既往孤独地坐在电脑前。

医生问他："你不寂寞吗？"

林格斯基回答说：

"即使朋友来看望我，我也会让他们赶快回去。

我的眼睛哪怕离开电脑屏幕一秒钟，

也许都会赔大钱呀！"

作者介绍

■著：〔日〕泉美智子

"儿童经济教育研究室"代表，理财规划师，日本儿童文学作家协会会员。

她在日本全国举办面向父母和儿童、小学生、中学生的金钱教育讲座，同时编写公民教育课外读物和纸戏剧。主要著作有《什么是保险？》（近代推销社）、《调查一下金钱动向吧》（岩波书店）等。

■绘：〔日〕松岛洋

多摩美术大学绘画系毕业。居住在东京。

为电影、电视、杂志等绘制插图，同时设计珠宝、制作人体模型。周末喜欢带着饭盒去海里或河边钓鱼。

■译：唐亚明

知名图画书编辑、作家、翻译家，出生于北京。毕业于早稻田大学文学系、东京大学研究生院。1983年应"日本绘本之父"松居直邀请，进入日本最权威的少儿出版社福音馆书店，成为日本出版社的第一个外国人正式编辑，并一直活跃在童书编辑的第一线，编辑了大量优秀的图画书，并获得各种奖项。

他本人的主要著作有《翡翠露》（第8届开高健文学奖励奖）、《哪吒和龙王》（第22届讲谈社出版文化奖绘本奖）、《西游记》（第48届产经儿童出版文化奖）等。

他曾作为亚洲代表，任"意大利博洛尼亚绘本原画博览会"评委，并任日本儿童图书评议会（JBBY）理事。现在东洋大学和上智大学任教。现任全日本华侨华人文学艺术联合会名誉会长、全日本华侨华人中国和平统一促进会会长。他翻译了许多作品介绍给中日两国读者。